ORAI SEM CESSAR

A força da oração

CB050077

SANTUÁRIO

Coordenação editorial: Elizabeth dos Santos Reis
Revisão: Ana Lúcia de Castro Leite
Diagramação e Capa: Marcelo Inomata

Compilação de Áurea Cristina Assis

ISBN 85-7200-862-4

1ª impressão: 2003

16ª impressão

Todos os direitos reservados à EDITORA SANTUÁRIO – 2023

Rua Pe. Claro Monteiro, 342 – 12570-045 – Aparecida-SP
Tel.: 12 3104-2000 – Televendas: 0800 - 0 16 00 04
www.editorasantuario.com.br
vendas@editorasantuario.com.br

*Recomendamos este livro
a todos aqueles que buscam auxílio
para seus momentos de oração.
E esperamos que, através destas
orações escritas, brotem de seus corações preces
espontâneas, enriquecendo assim momentos
íntimos com a graça
vinda de Deus.*

Que Deus os abençoe.

Sumário

Orações de adoração a Jesus Sacramentado

Adoração 11
Oração diante do Santíssimo Sacramento.........11
Quinze minutos diante
do Santíssimo Sacramento..................................13

Orações aos Anjos

Consagração a São Miguel Arcanjo....................19
Oração ao Anjo da Guarda – I 20
Oração ao Anjo da Guarda – II...........................21
Oração ao Anjo Gabriel.......................................21

Oração ao Anjo Miguel..22
Oração ao Anjo Rafael...23
Oração a São Miguel Arcanjo..............................24
Rosário de São Miguel Arcanjo...........................24

Orações básicas de um cristão
Ato de contrição...28
Ave-Maria 28
Credo..28
Glória ao Pai 29
Oração ao Pai..29
Oração da criança..30
Oração da noite 31
Oração da manhã 32
Oração do Angelus 33
Pai-nosso 34
Salve-rainha..34
Sinal-da-cruz 35
Vinde, Espírito Santo 35

Orações ao Espírito Santo

Coroa do Divino Espírito Santo........................37
Ó Espírito Santo 40
Oração pedindo a efusão do Espírito Santo.....40
Vem, Espírito Santo...41

Orações diversas

Levante-se, Deus..42
Louvando com os salmos 42
Oração a Jesus libertador 43
Oração da cura da insônia................................44
Oração da mãe que está grávida 45
Oração da serenidade.......................................46
Oração das chagas de Cristo 47
Oração de arrependimento...............................47
Oração de confiança..48
Oração de entrega..48
Oração diante da cruz de Cristo 49
Oração do desempregado.................................50
Oração do enfermo – I.....................................51

Oração do enfermo – II..52
Oração intercedendo
pela cura interior de alguém 52
Oração no desânimo...................................53
Oração para cura interior..............................54
Oração pelas almas 55
Oração pelas famílias..................................55
Oração por uma morte feliz 56

Orações a Nossa Senhora

Ato de consagração
ao Imaculado Coração de Maria 57
Maria passa à frente 57
Promessas de Nossa Senhora
a todos aqueles que rezam o terço....................58
Oração a Nossa Senhora da Cabeça...................59
Oração a Nossa Senhora da Defesa..................60
Oração a Nossa Senhora
Desatadora de Nós 60
Oração a Nossa Senhora do Bom Parto 61

Oração a Nossa Senhora do Desterro 62
Oração a Nossa Senhora dos Anjos 64
Oração a Nossa Senhora pelos estudos 64
Oração a Nossa Senhora
para conhecer a própria vocação 65
Oração à Santa Mãe de Deus
pelos alcoólatras 66
O segredo de Maria 68

Oração pedindo
a intercessão dos santos

Novena das rosas de Santa Teresinha 70
Oração a Santa Luzia – I 71
Oração a Santa Luzia – II 72
Oração a Santa Mônica 73
Oração a Santa Teresa D'Ávila 74
Oração a Santa Teresinha 74
Oração a Santo Agostinho 75
Oração a Santo Expedito 77
Oração a Santo Onofre 78

Oração a São Bento..78
Oração a São Brás...79
Oração a São Camilo..80
Oração a São Cristóvão..81
Oração a São Jorge...81
Oração a São José...82
Oração a São Judas Tadeu.....................................82
Oração a São Lázaro...84

Terços

Jaculatórias *(sugestões para o Terço Bizantino)* 85
Rosário 86
Terço da cura 91
Terço da misericórdia 92
Terço da providência 93
Terço do perdão 94

Orações de adoração a Jesus Sacramentado

ADORAÇÃO
Pode ser repetida várias vezes.

Meu Deus, eu creio, adoro, espero e amo-vos. Peço-vos perdão por aqueles que não creem, não adoram, não esperam e não vos amam! Amém!

ORAÇÃO DIANTE DO SANTÍSSIMO SACRAMENTO
Faça durante nove dias, diante do Santíssimo Sacramento, esta oração:

Jesus ressuscitado, eu creio que você está vivo diante dos meus olhos na hóstia consagrada. Creio também, Jesus, no seu poder contra toda espécie de mal, porque você venceu, pela sua morte e ressurreição, o pecado

e a morte, seu preciosíssimo sangue derramado na cruz está presente na hóstia Santa. Eu creio, Jesus, e clamo que este sangue seja agora derramado sobre mim e sobre todos os meus familiares. Eu peço, Senhor Jesus, que pelo poder libertador e salvífico deste sangue, possamos nos livrar de toda opressão diabólica que possa estar prejudicando a nossa família. Peço também que atenda em especial este pedido que agora faço na sua presença (*fazer o pedido*). Eu desde já agradeço, confiante que você me atenderá. Eu louvo o Pai por ter-nos dado você, Jesus, como presente de páscoa. Eu agradeço de coração ao Espírito Santo que me ilumina e me conduz nos momentos de sofrimento e de escuridão. Muito obrigado, Jesus, meu Salvador e libertador.
Rezar: Pai-Nosso, Ave-Maria e Glória ao Pai.

QUINZE MINUTOS DIANTE DO SANTÍSSIMO SACRAMENTO

Sugestões de Santo Antônio Maria Claret.

O Padre Claret (1807-1870), mais tarde arcebispo de Cuba, fundou a Comunidade Missionária dos Filhos do Imaculado Coração de Maria – os Claretianos. Os textos do Santo aqui apresentados foram selecionados e publicados pela Equipe Pastoral da Arquidiocese de Viena, em 1988. Padre Claret usa o tratamento pessoal, deixando Jesus falar a cada um em particular:

"Não é preciso, meu filho, saber muito para me agradar; basta amar-me fervorosamente. Fala-me, pois, de uma maneira simples, assim como falarias com o mais íntimo dos teus amigos.

Tens algum pedido em favor de alguém?

Menciona-me o teu nome e diz-me o que desejas que Eu lhe faça. Pede muito. Não receies pedir. Conversa comigo, simples e francamente, sobre os pobres que gostarias de consolar, sobre os desencaminhados, que tanto desejas ver novamente no caminho certo. Diz-me a favor de cada um deles ao menos uma palavra.

E tu mesmo, não precisas de alguma graça?

Diz-me abertamente que te reconheces orgulhoso, egoísta, inconstante, negligente... e pede-me, então, que Eu venha em teu auxílio nos poucos ou muitos esforços que fazes para te livrares destas faltas. Não te envergonhes! Há muitos justos, muitos Santos no céu, que tinham exatamente os mesmos defeitos. Mas pediram humildemente, e... pouco a pouco se viram livres deles. Tampouco deixeis de me pedir saúde, bem como bons resultados nos teus trabalhos, nos teus negócios ou estudos. Posso dar-te e realmente te darei tudo isso, contanto que não se oponha à tua santificação mas antes a favoreça. Mas quero que peças. O que é que necessitas precisamente hoje? Que posso fazer por ti? Ah, se soubesses quanto Eu desejo ajudar-te!

Andas preocupado com algum projeto?

Conta-me. O que é que te preocupa? Que pensas? Que desejas? Que posso Eu fazer por teu irmão, por tua irmã, por teus amigos, por tua família, por teus superiores? Que gostaria tu de lhes fazer? E no que se refere a mim, não sentes desejo de me ver glorificado? E não queres fazer um favor aos amigos que amas, mas talvez vivam sem jamais pensar em mim? Diz-me, em que se detém hoje, de maneira especial, tua atenção? Que desejas mais vivamente? Quais os meios que tens para alcançá-lo? Conta-me se não consegues fazer o que desejas e Eu te indicarei as causas do insucesso. Não gostarias de conquistar os meus favores?

Por acaso, estás triste ou mal-humorado?

Conta-me com todos os pormenores o que te entristece. Quem te feriu? Quem ofendeu o teu amor próprio? Quem te desprezou? Conta-me tudo. Então, em breve, chegarás ao ponto de me dizer que, imitando-me, queres perdoar tudo e de tudo esquecer. Como recompensa hás de receber a minha bênção consoladora. Acaso tens medo? Sentes na tua alma aquela melancolia e incerteza que, embora não justificadas, não deixam de ser dolorosas? Lança-te nos braços da minha amorosa Providência. Estou contigo, a teu lado. Vejo tudo, ouço tudo e em momento algum te desamparo. Sentes frieza da parte de pessoas que antes te queriam bem e que agora, esquecidas, se afastam de ti apesar de não encontrarem em ti motivo algum para isso? Roga por elas, pois se não forem obstáculos à tua santificação, Eu as trarei de volta a teu lado.

Não tens alguma alegria que possas partilhar comigo?

Por que não me deixas tomar parte nela com a força de um bom amigo? Conta-me o que desde ontem, desde tua visita, consolou e alegrou teu coração. Talvez fossem surpresas agradáveis; talvez tenhas recebido boas notícias, uma carta, uma demonstração de carinho; talvez tenhas conseguido vencer alguma dificuldade ou sair de algum apuro. Tudo é obra minha. Diz-me simplesmente, como um filho a seu pai: 'Obrigado, meu Pai, obrigado!'

E não queres prometer-me alguma coisa?

Bem sabes que Eu leio o que está no fundo do teu coração. É fácil enganar os homens, mas a Deus não podes enganar. Fala-me, pois, com toda a sinceridade. Fizeste o propósito firme de, no futuro, não mais te exporés àquela ocasião de pecado, de te privares do objeto que te seduz, de não mais leres o livro que exalta a tua imaginação, de não procurares a companhia das pessoas que perturbam a paz da tua alma? Serás novamente amável e condescendente para agradar àquela outra pessoa, a que, por ter-te ofendido, consideraste até hoje como inimiga? Ora, meu filho, volta agora às tuas ocupações habituais: ao teu trabalho, à tua família, aos teus estudos; mas não esqueças os quinze minutos desta agradável conversa que tiveste aqui, a sós comigo, na solidão do Sacrário. Pratica tanto quanto possível o silêncio, a modéstia, o recolhimento, a serenidade e a caridade para com o próximo. Ama e honra minha Mãe que é também tua. E volta amanhã, com o coração mais amoroso, mais entregue a mim. No meu coração hás de encontrar, em cada dia, um amor totalmente novo, novos benefícios e novas consolações. Vem, que Eu aqui te espero".

Orações aos Anjos

CONSAGRAÇÃO A SÃO MIGUEL ARCANJO
Para ser rezada todos os dias.

Príncipe nobilíssimo da hierarquia angélica, valoroso guerreiro do Altíssimo, amante zeloso da glória do Senhor, terror dos anjos rebeldes, amor e delícia de todos os anjos justos, meu diletíssimo Arcanjo São Miguel. Desejando pertencer ao número dos vossos devotos e servos, ofereço-me todo a vós, dou-me, dedico-me e coloco todo o meu ser, todos os meus interesses, minha casa, família e quanto possuo sob a vossa proteção. É pequena a oferta da minha servitude, não sendo eu senão um miserável pecador, mas grande é o afeto de meu coração. Lembrai-vos que de hoje em diante estou sob o vosso patrocínio e vós deveis em toda a minha vida assistir-me; procurai-me o perdão dos meus muitos pecados, alcançai-me a graça de amar de todo o coração ao meu Deus, ao meu amado Salvador Jesus, à minha doce Mãe Maria e, ainda, consegui-me o que for necessário para chegar à coroa da glória. Defendei-me sempre dos inimigos da minha alma, especialmente no último momento da minha vida. Vinde, então, Príncipe gloriosíssimo, assistir-me no último combate e, com a vossa arma poderosa, atirai para longe de mim, no abismo do inferno, aquele anjo prevaricador e soberbo que prostrastes um dia num combate no céu. Amém.

– Rogai por nós, ó bem-aventurado São Miguel, Príncipe da Igreja.

– Para que sejamos dignos das promessas de Cristo.

ORAÇÃO
AO ANJO DA GUARDA – I

Santo Anjo do Senhor, meu zeloso guardador, se a ti me confiou a Piedade Divina, sempre me rege, guarda, governa e ilumina. Amém.

ORAÇÃO AO ANJO DA GUARDA – II
(São Francisco Sales)

Ó Santo Anjo! Tu és meu protetor desde a hora de meu nascimento. A ti entrego hoje meu coração. Dá-o a meu Salvador, pois unicamente a Ele deve pertencer. Tu és meu protetor na vida, seja também meu consolador na hora da morte. Fortifica minha fé, consolida minha esperança, inflama em mim o Amor Divino. Obtém-me a paz; que a vida passada não me inquiete, a presente não me perturbe e o futuro não me assuste. Fortifica-me na agonia e, na paciência, conserva-me sempre a paz da alma. Alcança-me a graça de que minha última refeição seja o Pão dos Anjos; minhas últimas palavras Jesus, Maria, José. Meu último alento seja de amor, e tua presença meu último consolo. Amém.

ORAÇÃO AO ANJO GABRIEL

O que pedir ao Arcanjo Gabriel? Que aumente em nós o amor a Maria e lhe apresente nossos pedidos.

Vós, Anjo da encarnação, mensageiro fiel de Deus, abri nossos ouvidos para que possam captar até as mais suaves sugestões e apelos emanados do coração amabilíssimo de Nosso Senhor. Nós vos pedimos que fiqueis sempre junto de nós para que, compreendendo bem a Palavra de Deus e suas inspirações, saibamos obedecer-lhe, cumprindo docilmente aquilo que Deus quer de nós. Fazei que estejamos sempre disponíveis e vigilantes. Que o Senhor, quando vier, não nos encontre dormindo!

ORAÇÃO AO ANJO MIGUEL

O que pedir ao Arcanjo Miguel? Que combata por nós o inimigo e o precipite no inferno, desfazendo toda a mentira e ilusão da qual se serve. Que aumente em nós o amor à Santa Missa e à Sagrada Eucaristia.

Vós, príncipe dos exércitos celestes, vencedor do dragão infernal, recebestes de Deus força e poder para aniquilar, pela humildade, a soberba do príncipe das trevas. Insistentemente vos suplicamos que nos alcanceis de Deus a verdadeira humildade de coração, uma fidelidade inabalável no cumprimento contínuo da vontade de Deus e uma grande fortaleza no sofrimento e na penúria. Ao comparecermos perante o tribunal de Deus, socorrei-nos, para que não desfaleçamos.

ORAÇÃO AO ANJO RAFAEL

O que pedir ao Arcanjo Rafael? Que nos defenda das potências do mal, das doenças, e nos acompanhe nas viagens. Que seja nosso consolo nas dificuldades e nos fortaleça no desânimo e na depressão. Também que ilumine os padres confessores e orientadores espirituais.

Vós que sois lança e bálsamo do amor divino, feri o nosso coração e depositai nele um amor ardente a Deus. Que a ferida não se apague nele para que nos faça perseverar todos os dias no caminho da caridade e do amor. Que tudo vençamos pelo amor!

ORAÇÃO
A SÃO MIGUEL ARCANJO

São Miguel Arcanjo, protegei-nos no combate, defendei-nos com o vosso escudo contra os embustes e ciladas do demônio. Deus o submeta, instantemente vos pedimos, e vós, ó Príncipe da milícia celeste, pelo divino poder, precipitai no inferno a satanás e aos outros espíritos malignos que andam pelo mundo procurando perder as almas. Amém.

ROSÁRIO
DE SÃO MIGUEL ARCANJO

Sobre a medalha, diz-se:

– Vinde, ó Deus, em meu auxílio.

– Socorrei-me sem demora.

– Glória ao Pai, ao Filho e ao Espírito Santo. Como era no princípio, agora e sempre. Amém.

Após cada saudação reza-se: 1 Pai-Nosso, 3 Ave-Marias, 1 Glória.

Saudações

1ª Saudação – Saudamos o primeiro coro dos Anjos. Pedimos, pela intercessão de São Miguel e do coro dos Serafins, que o Senhor nos torne ardentes de caridade. Amém.

2ª Saudação – Saudamos o segundo coro dos Anjos. Pedimos, pela intercessão de São Miguel e do coro dos Querubins, que o Senhor nos conceda a graça de vencermos todas as tentações e de empenharmo-nos na vida cristã. Amém.

3ª Saudação – Saudamos o terceiro coro dos Anjos. Pedimos, pela intercessão de São Miguel e do coro dos Tronos, que o Senhor nos conceda a graça de vivermos a verdadeira humildade. Amém.

4ª Saudação – Saudamos o quarto coro dos Anjos. Pedimos, pela intercessão de São Miguel e do coro das Dominações, que o Senhor nos conceda a graça de descobrir o sentido da vida e de educar nossos instintos. Amém.

5ª Saudação – Saudamos o quinto coro dos Anjos. Pedimos, pela intercessão de São Miguel e do coro das Potestades, que o Senhor nos proteja contra todo o mal. Amém.

6ª Saudação – Saudamos o sexto coro dos Anjos. Pedimos, pela intercessão de São Miguel e do coro das Virtudes, que o Senhor nos anime com o seu Santo Espírito. Amém.

7ª Saudação – Saudamos o sétimo coro dos Anjos. Pedimos, pela intercessão de São Miguel e do coro dos Principados, que o Senhor nos ensine a conhecer sua vontade e a cumpri-la de coração sincero. Amém.

8ª Saudação – Saudamos o oitavo coro dos Anjos. Pedimos, pela intercessão de São Miguel e do coro dos Arcanjos, que o Senhor nos conceda o Dom da fidelidade à fé cristã e a perseverança até o fim. Amém.

9ª Saudação – Saudamos o nono coro dos Anjos. Pedimos, pela intercessão de São Miguel e do coro dos Anjos, que o Senhor nos conceda o paraíso celeste. Amém.

Reza-se um Pai-Nosso para cada Anjo: São Miguel, São Gabriel, São Rafael e Anjo da Guarda.

Saudação final
– São Miguel Arcanjo, rogai por nós.
– São Gabriel, rogai por nós.
– São Rafael, rogai por nós.
– Santo Anjo da Guarda, rogai por nós.
Oremos: São Miguel, Chefe e Príncipe dos Exércitos Celestes, vencedor dos espíritos rebeldes, nosso guia, dignai-vos livrar-nos de todos os males abertos ou ocultos, físicos ou espirituais de qualquer origem e poder.
– Rogai por nós, São Miguel.
– Para que sejamos dignos das promessas de Cristo.

Orações básicas de um cristão

ATO DE CONTRIÇÃO
Meu Jesus, meu bom Jesus, que por mim morreste na cruz, perdoa os meus pecados. Já não quero mais pecar. Amém!

AVE-MARIA
Ave, Maria, cheia de graça, o Senhor é convosco, bendita sois vós entre as mulheres e bendito é o fruto do vosso ventre, Jesus. Santa Maria, Mãe de Deus, rogai por nós, pecadores, agora e na hora de nossa morte. Amém.

CREDO
Creio em Deus, Pai Todo-Poderoso, Criador do Céu e da Terra. E em Jesus Cristo, seu

único Filho Nosso Senhor, que foi concebido pelo poder do Espírito Santo, nasceu da Virgem Maria, padeceu sob Pôncio Pilatos, foi crucificado, morto e sepultado, desceu à mansão dos mortos, ressuscitou ao terceiro dia; subiu ao Céu, está assentado à direita de Deus Pai Todo-Poderoso, de onde há de vir julgar os vivos e os mortos. Creio no Espírito Santo, na Santa Igreja Católica, na Comunhão dos Santos, na remissão dos pecados, na ressurreição da carne, na vida eterna. Amém.

GLÓRIA AO PAI

Glória ao Pai, glória ao Filho, glória ao Espírito Santo; como era no princípio agora e sempre. Amém.

ORAÇÃO AO PAI

Pai que estais no Céu, que estais na Terra, que estais em todo lugar. Pai que criastes o mundo, que criastes tudo o que existe e aos filhos destes uma vida à vossa Imagem e

Semelhança. Pai que nos destes um coração para amar, uma alma para conduzi-la a evangelizar e ser luz diante da Luz Gloriosa que sois Vós. Pai que abris os nossos olhos, os nossos ouvidos, a nossa língua, a nossa boca e nos ensinastes a proclamar o vosso Santo Nome. Pai que entre todos os pais sois o Mestre de todos os mestres, Senhor de todos os senhores, Rei do Céu, Rei da terra, Rei de todos os corações. Pai que sois Paz! Que sois Vida! Que sois Verdade! Que sois sabedoria! Que sois Amor! Pai, que sois Luz para o mundo inteiro, estai presente no coração de todos os pais, no coração de todos os filhos, no coração de todas as mães, dos sacerdotes, do Santo Padre o Papa e de todos os cristãos da Igreja. Pai eterno, ajudai, porque Vós sois grande, vossos filhos na caminhada.

ORAÇÃO DA CRIANÇA

Jesus, hoje quero pedir-lhe uma porção de coisas, porque sei que você escuta sempre a oração dos pequeninos. Veja, Jesus, eu sou ainda uma criança. Mas faça que eu cresça e seja gente de verdade, como papai e mamãe. Que eles sejam muito felizes; que eu os ame sempre, seja um filho obediente, e, um dia, grande e bom como eles. Proteja meus professores, pois me ensinam tanta coisa bonita. E eles me falaram que um dia você disse: "Deixai vir a mim os pequeninos". Então, Jesus, acolha nos seus braços a mim, a todos os meus coleguinhas e a todas as crianças do mundo inteiro. Que todos nós sejamos alegres e felizes, e amanhã possamos fazer alguma coisa por aqueles que hoje fazem tanto por nós. Jesus, eu lhe peço: fique sempre conosco e abençoe, hoje e sempre, todas as crianças.

ORAÇÃO DA NOITE

Que esta minha oração da noite leve meu pensamento até vós, meu Deus, todo-poderoso, e que a vossa bênção desça sobre mim e sobre toda a minha família. Que o meu Anjo da guarda vigie meu sono, para que as energias perdidas no trabalho voltem ao meu corpo exausto, e amanhã de manhã eu possa levantar des-cansado, alegre e disposto para recomeçar meus trabalhos. Que o Senhor me abençoe e me guarde. Que a Virgem Maria me dê a paz e um sono tranquilo. Amém.

ORAÇÃO DA MANHÃ

Senhor, no silêncio desse dia que amanhece, venho pedir-te a paz, a sabedoria, a força. Quero ver hoje o mundo com os olhos cheios de amor, ser paciente, compreensivo, manso e prudente. Ver além das aparências teus filhos como Tu os vê, e assim, não ver senão o bem de cada um. Cerra meus ouvidos a toda a calúnia. Guarda minha língua de toda a maldade. Que só de bênçãos se encha meu espírito. Que todos os que a mim se achegarem sintam a Tua presença. Reveste-me de Tua beleza, e que no decurso deste dia eu Te revele a todos. Senhor, Tu podes todas as coisas, Tu podes conceder-

-me a Graça que tanto almejo. Cria, Senhor, as possibilidades para a realização de meu desejo, em nome de Jesus, Amém!

ORAÇÃO DO ANGELUS
Para rezar às 6h, às 12h e às 18h.
– O Anjo do Senhor anunciou a Maria:
– E Ela concebeu do Espírito Santo.
Ave, Maria...
– Eis aqui a serva do Senhor.
– Faça-se em mim segundo a tua palavra.
Ave, Maria...
– E o Verbo Divino se fez carne.
– E habitou entre nós.
Ave, Maria...
Glória ao Pai, ao Filho...

Oremos: Infundi, Senhor, nós vos pedimos, a vossa graça em nossas almas, a fim de que nós, pela anunciação do Anjo, conheçamos a encarnação de Jesus Cristo, vosso Filho, e pela sua paixão e morte cheguemos à glória da ressurreição, pelo mesmo Jesus Cristo Nosso Senhor. Amém.

– Rogai por nós, Santa Mãe de Deus.

– Para que sejamos dignos das promessas de Cristo.

PAI-NOSSO

Pai nosso, que estais no céu, santificado seja o vosso nome, venha a nós o vosso reino, seja feita a vossa vontade assim na terra como no céu. O pão nosso de cada dia nos dai hoje. Perdoai-nos as nossas ofensas, assim como nós perdoamos a quem nos tem ofendido. E não nos deixeis cair em tentação, mas livrai-nos do mal. Amém.

SALVE-RAINHA

Salve, Rainha, Mãe de misericórdia, vida doçura, esperança nossa, salve! A Vós bradamos, os degredados filhos de Eva, a Vós suspiramos, gemendo e chorando neste vale de lágrimas. Eia, pois, advogada nossa, esses vossos olhos misericordiosos a nós volvei, e depois deste desterro, mostrai-nos Jesus, bendito fruto do vosso ventre, ó Clemente, ó Piedosa, ó Doce, sempre Virgem Maria.

– Rogai por nós, Santa Mãe de Deus.

– Para que sejamos dignos das promessas de Cristo. Amém.

SINAL-DA-CRUZ

Pelo sinal da Santa Cruz, (*fazer o Sinal-da--Cruz na testa*) livrai-nos, Deus Nosso Senhor, (*fazer o Sinal-da-Cruz nos lábios*) dos nossos inimigos (*fazer o Sinal-da-Cruz no peito*). Em nome do Pai, do Filho e do Espírito Santo. Amém.

VINDE, ESPÍRITO SANTO

Vinde, Espírito Santo, enchei os corações de vossos fiéis e acendei neles o fogo do vosso divino amor. Enviai o vosso espírito, e tudo será criado: e assim então, renovareis a face da terra.

Oremos: Ó Deus, que instruístes os corações dos vossos fiéis com a luz do Espírito Santo, fazei que apreciemos retamente todas as coisas segundo o mesmo espírito e gozemos sempre de sua consolação; por Cristo, Nosso Senhor. Amém.

Orações ao Espírito Santo

COROA DO DIVINO ESPÍRITO SANTO

Deus, vinde em nosso auxílio. Senhor, apressai-vos em socorrer-nos, Glória ao Pai...

Após a contemplação de cada Mistério, reza-se sete vezes:

– Vinde, Espírito Santo, enchei os corações de vossos fiéis e acendei neles o fogo do vosso amor; vinde e renovai a face da terra.

E uma vez esta outra jaculatória:

– Ó Maria, que por obra do Espírito Santo concebestes o Salvador, rogai por nós.

1º Mistério – Vinde, Espírito Santo de sabedoria, desprendei-nos das coisas da terra e infundi-nos o amor e o gosto pelas coisas do céu.

2º Mistério – Vinde, Espírito Santo de entendimento, iluminai a nossa mente com a luz da eterna verdade e enriquecei-a de puros e santos pensamentos.

3º Mistério – Vinde, Espírito Santo de bom conselho, fazei-nos dóceis às vossas santas inspirações e ajudai-nos no caminho da salvação.

4º Mistério – Vinde, Espírito Santo de fortaleza, dai-nos força, constância e vitória nas batalhas contra os nossos inimigos espirituais e corporais.

5º Mistério – Vinde, Espírito Santo de ciên-cia, sede o mestre de nossas almas e ajudai-nos a praticar os vossos santos ensinamentos.

6º Mistério – Vinde, Espírito Santo de piedade, vinde morar em nosso coração, tomai conta dele e santificai todos os seus afetos.

7º Mistério – Vinde, Espírito Santo temor de Deus, reinar em nossa vontade e fazei que estejamos sempre dispostos a tudo sofrer e morrer antes que vos ofender.

Oração final
Ó Divino Espírito Santo, Vós que me esclareceis tudo, que iluminais todos os meus caminhos para que eu possa atingir a felicidade, Vós que me concedeis o sublime dom de perdoar e esquecer as ofensas e até o mal que me tenham feito, a Vós que estais comigo em todos os instantes, eu quero humildemente agradecer tudo o que tenho, tudo o que sou e confirmar uma vez mais minha intenção de nunca me afastar de Vós, por maior que seja a ilusão ou tentação material, com a esperança de um dia merecer e poder juntar-me a Vós e a todos os meus irmãos na glória e na paz da eternidade. Assim seja, Amém.

Finalizar o Terço com a Oração de Invocação ao Espírito Santo (p. 35)

Ó ESPÍRITO SANTO

Ó Espírito Santo, amor do Pai e do Filho, inspirai-me sempre aquilo que devo pensar, aquilo que devo dizer, como devo dizê-lo, aquilo que devo calar, aquilo que devo escrever, como devo agir, aquilo que devo fazer, para procurar a vossa glória, o bem das almas e minha própria santificação. Amém.

ORAÇÃO PEDINDO A EFUSÃO DO ESPÍRITO SANTO

Vem, Espírito Santo, e renova em mim a chama do teu amor. Enche-me de fé, Senhor, e revela com a tua luz todos os meus pecados e traumas. Liberta-me, Espírito Santo, e faz de mim uma nova criatura. Santifica meu espírito e alma, renovando também todo meu ser, emoções, mente, ouvidos, olhos, lábios e atos. Capacita-me a viver a Palavra de Nosso Senhor Jesus Cristo em toda a sua profundidade. E agora, Santo Espírito, dá-me os teus dons para que eu possa melhor servir o Reino de Deus, amando, indistintamente, todos os meus irmãos. Mas, acima de tudo, derrama o dom do louvor, para que, em tudo e por tudo, eu glorifique o Senhor Nosso Deus. Em Nome de Jesus. Amém.

VEM, ESPÍRITO SANTO!

Vem, Espírito Santo, toma meu corpo para templo teu! Vem e fica sempre comigo! Dá-me profundo amor ao Sacratíssimo Coração de Jesus, a fim de servi-lo de todo o coração, com toda a minha alma, com todas as minhas forças. Consagro-te todas as faculdades de minha alma e de meu corpo. Domina todas as minhas paixões, emoções e sentimentos. Recebe minha inteligência e minha vontade, minha memória e minha fantasia. Ó Espírito Santo de Amor, dá-me rica medida de tua graça eficaz. Dá-me a plenitude de todas as virtudes, aumenta-me a fé, fortalece minha confiança e inflama meu amor. Concede-me teus dons, teus frutos e bem-aventuranças. Santíssima Trindade, que minha alma seja teu templo. Amém.

Orações diversas

Aventurada Virgem Maria, São Miguel, São Gabriel e São Rafael. Sejam dispersos os seus inimigos, e fujam de sua face todos aqueles que o odeiam. Em nome do Pai, do Filho e do Espírito Santo. Amém.
Rezar o Salmo 67.

LOUVANDO COM OS SALMOS
Salmos 8 e 29

Ó Senhor, nosso Deus, como é glorioso vosso nome em toda a terra! Vossa majestade se estende, triunfante, por cima de todos os céus. Que é o homem, digo-me então, para pensardes nele? Que são os filhos de Adão, para que vos ocupeis com eles? Entretanto, vós o fizestes quase igual aos anjos, de glória e honra o coroastes. Destes-lhe poder sobre as obras de vossas mãos, vós lhe submetestes todo o universo. Ó Senhor, nosso Deus, como é glorioso vosso nome em toda a terra.

Eu vos exaltarei, Senhor, porque me livrastes; não permitistes que exultassem sobre mim meus inimigos. Senhor, meu Deus, clamei a vós e fui curado. Senhor, minha alma foi tirada por vós da habitação dos mortos; dentre os que descem para o túmulo, vós me salvastes. Vossa indignação dura apenas um momento, enquanto vossa benevolência é para toda a vida. Pela tarde vem o pranto, mas, de manhã, volta a alegria. Assim, minha alma vos louvará sem calar jamais. Senhor, meu Deus, eu vos bendirei eternamente.

ORAÇÃO A JESUS LIBERTADOR

Eu venho a ti, Senhor Jesus, como a meu Libertador. Tu conheces todos os meus problemas, todas as coisas que me amarram, que me atormentam, corrompem e incomodam.

Eu me recuso, neste momento, a aceitar qualquer coisa de satanás e me desligo do espírito das trevas, de toda influência negativa e maligna, de todo cativeiro satânico, de todo espírito em mim que não seja espírito de Deus, e ordeno a todos os espíritos relacionados com satanás que nos deixem agora e não voltem nunca mais, prostrando-me aos pés da santa cruz de Jesus Cristo, para sempre. Confesso que meu corpo é templo do Espírito Santo: redimido, lavado, santificado, justificado pelo Sangue de Jesus. Portanto, satanás não tem lugar em mim e nenhum poder sobre mim, por causa do Sangue de Jesus. Amém. Amém. Aleluia!

ORAÇÃO DA CURA DA INSÔNIA

"Apenas me deito, logo adormeço em paz, porque a segurança de meu repouso vem de vós só, Senhor" (Sl 4,9).

Senhor, Deus e Pai de misericórdia, em nome de vosso Filho Nosso Senhor Jesus, venho pedir-vos a restauração de todo o meu ser, de minha integridade física e espiritual, e a libertação emocional e afetiva de que tanto preciso... Só vós conheceis o mais íntimo de mim e quando essa insônia começou. Vós podeis, pela graça de vosso Santo Espírito, atingir as causas mais profundas dessa insônia e das perturbações que tenho durante o sono. Liberta-me das consequências desse mal, curando-me o cansaço, a insegurança, o medo da tristeza, restaurando-me física, emocional e espiritualmente, como vosso(a) filho(a) que sou, para que eu possa vos amar sempre mais e vos servir com alegria a cada dia de minha vida. Obrigado, Pai!

Rezar: Pai Nosso, Glória ao Pai...

ORAÇÃO DA MÃE
QUE ESTÁ GRÁVIDA

Pai Celestial, eu te louvo e agradeço por permitires esta vida e por formares esta criança à tua imagem e semelhança. Envia o teu Espírito Santo e ilumina este útero. Senhor Jesus Cristo, vem com o teu amor e mi-sericórdia, e derrama a tua cura sobre esta criança. Remove qualquer negatividade que possa ter sido transmitida a ela, consciente ou inconscientemente. Lava esta criança em teu precioso Sangue, e enche-a com tua luz e verdade. Maria, vem, com teus anjos e santos, e fica com esta criança, e intercede por ela. Obrigada, Senhor, por inundares de graça e por curares esta criança. Obrigada, Maria, anjos e santos, por intercederem em favor dela. A todos vós é entregue esta criança. Que ela honre e glorifique a Deus agora e por toda a eternidade. Amém. Aleluia.

ORAÇÃO DA SERENIDADE

Concedei-me, Senhor, a serenidade necessária para aceitar as coisas que eu não posso modificar, coragem para modificar aquelas que eu posso, e sabedoria o bastante para distinguir uma da outra. Amém!

ORAÇÃO DAS CHAGAS DE CRISTO

Pode ser repetida nas contas do Terço.

Chagas Abertas, Coração Ferido.

O Sangue de Cristo está entre nós e o perigo!

ORAÇÃO DE ARREPENDIMENTO

Senhor Jesus Cristo, eu creio que Tu és o Filho de Deus, Tu és o Messias, vindo em carne, para destruir as obras do demônio. Morreste na cruz por meus pecados e ressuscitaste dentre os mortos. Eu confesso agora todos os meus pecados, arrependo-me deles (*dizer os pecados*) e peço que me perdoes e me laves de toda injustiça. Eu creio que teu Sangue agora me lava de todos os pecados, principalmente, quando os confesso a um sacerdote no sacramento da penitência. Obrigado, Senhor Jesus, por me teres redimido, lavado e justificado por teu Sangue preciosíssimo. Amém.

ORAÇÃO DE CONFIANÇA
Prece de Sara

"Não está nas mãos do homem penetrar vossos desígnios. Mas todo aquele que vos honra tem a certeza de que sua vida, se for provada, será coroada; que depois da tribulação haverá a libertação, e que, se houver castigo, haverá também acesso a vossa misericórdia. Porque vós não vos comprazeis em nossa perda: após a tempestade mandais a bonança; depois das lágrimas e dos gemidos, derramais a alegria. Ó Deus de Israel, que vosso nome seja eternamente bendito" *(Tb 3,20-23).*

ORAÇÃO DE ENTREGA

Ó Senhor, quero abandonar-me em ti, de onde me vem toda a esperança. Que eu não me irrite por causa dos que agem mal, nem inveje os que praticam a iniquidade. Quero esperar no Senhor e fazer o bem, para que minha existência seja segura. A ti, os desejos do meu coração. Sei que, se viver retamente, não serei confundido por ti nos dias da desgraça e nos dias da fome, serei saciado. Entrego ao Senhor meus caminhos, para que tornes firmes meus passos e sei que, se cair, não ficarei prostrado, porque Tu me tomarás pela mão. Do Senhor é que me vêm salvação, refúgio e firmeza. Assim seja. Amém.

Meditar o Salmo 36.

ORAÇÃO DIANTE DA CRUZ DE CRISTO

Ó meu Jesus, aos meus inimigos, por amor de ti, perdoo-lhes porque mais gravemente a ti eu tenho ofendido do que eles a mim. Meu Jesus, faze que eu te ame bastante e que não me ame tanto. Ensina-me a dominar as rebeldias da minha natureza e a crucificar as minhas paixões. Ensina-me a prática da humildade, da vigilância e da oração, para que, em ti e por ti, me fortaleça na obediência à tua santa lei. Amém.

ORAÇÃO DO DESEMPREGADO

Senhor, atende este clamor que brota do mais íntimo do meu coração: "Abre-me uma porta"... Só Tu sabes e conheces, Jesus, o momento de dificuldade pelo qual eu (*diga o seu nome*) e toda a minha família estamos passando por causa do desemprego. Tu sabes também, Senhor, com quanta esperança eu me aproximo de ti para pedir que vás à minha frente, abrindo uma porta e me preparando um emprego, para que eu possa, através de um trabalho digno, dar à minha família "o pão nosso de cada dia". "Porque Vós sois, ó meu Deus, minha es-perança" (Sl 70,5), peço ainda que me concedas todo ânimo, confiança, destemor e fortaleza, para sair de minha casa em busca desse trabalho, na certeza de que tuas mãos, es-tendidas a meu favor, baterão nessas portas antes de mim, preparando a minha entrada num emprego segundo a tua vontade. Confiando inteiramente na tua Palavra que diz: "Batei e abrir-se-vos-á... ao que bater se lhe abrirá..."

(Lc 11,9), já agradeço, de todo o meu coração, porque acredito que "a Deus nenhuma coisa é impossível" (Lc 1,37).

Reze várias vezes por dia e, principalmente, antes de sair para procurar um emprego: "Jesus Misericordioso, abre-me uma porta e concede-me esta graça".

ORAÇÃO DO ENFERMO – I

Senhor, coloco-me diante de ti, em oração. Olha para este meu corpo marcado pela enfermidade. Tu sabes, Senhor, o quanto me custa sofrer. Sei que Tu não te alegras com o sofrimento de teus filhos. Dá-me, Senhor, força e coragem para vencer os momentos de desespero e cansaço. Torna-me paciente e compreensivo, simples e modesto. Ofereço-te todas as minhas preocupações, angústias e sofrimentos, para que eu seja mais digno de ti. Aceita, Senhor, que eu una meus sofrimentos aos sofrimentos do teu Filho Jesus, que, por amor aos homens, deu a vida no alto da cruz.

E agora eu te peço. Senhor, ajuda os médicos e enfermeiros a terem também a mesma dedicação e amor aos doentes. Amém.

ORAÇÃO DO ENFERMO – II

Senhor, coloco-me diante de ti em atitude de oração. Sei que Tu me vês, que Tu me penetras, me ouves. Sei que estou em ti e que tua força está em mim. Olha para este meu corpo marcado pelo sofrimento e triturado pela enfermidade. Tu sabes, Senhor, quanto me custa sofrer. Sei que tu não te comprazes com o sofrimento de teus filhos.

ORAÇÃO INTERCEDENDO
PELA CURA INTERIOR DE ALGUÉM

Senhor Jesus, eu lhe peço que entre no coração de (*dizer o nome*) e toque aquelas experiências de vida que precisam ser curadas. Você conhece muito melhor o(a) (*dizer o nome*) do que ele(a) próprio(a) conhece a si mesmo. Derrame, então, seu amor em todos os cantos do seu coração. Onde quer que o encontre ferido, toque-o, console-o, liberte-o. Se ele(a) se sente só, abandonado(a), rejeitado(a) pela humanidade, conceda-lhe, mediante seu amor regenerador, uma nova consciência do seu valor como pessoa. Jesus, eu entrego o(a) (*dizer o nome*) totalmente a você: seu corpo, mente, e espírito, e lhe agradeço por restaurar sua integridade. Obrigado, Senhor. Amém! Aleluia!

(Reze várias vezes esta oração).

ORAÇÃO NO DESÂNIMO

Meu Deus, a ti eu clamo: dentro de mim há trevas, mas em ti encontro a luz. Estou sozinho, mas tu não me abandonas. Estou desanimado, mas em ti encontro auxílio. Estou inquieto, mas em ti encontro a paz. Dentro de mim há amargura, mas em ti encontro auxílio. Estou inquieto, mas em ti encontro a paz. Dentro de mim há amargura, mas em ti encontro paciência. Não compreendo teus planos, mas Tu conheces meu caminho.

ORAÇÃO PARA CURA INTERIOR

Meu Jesus, venho hoje pedir a cura das minhas lembranças, tudo aquilo que vivi e ficou guardado no meu inconsciente e que tem me atormentado. Tu me conheces e sabes a causa de cada problema que trago em meu interior. Vem, Jesus, e cura essas lembranças, os momentos em que me senti rejeitado, desanimado, ignorado até por aqueles que eu mais amava. Cura-me dos sentimentos de ódio, rancor, mágoa e falta de perdão e que, muitas vezes, se refletem em meu corpo, causando dores e enfermidades físicas. Dos momentos de perigo que vivi e que me tornaram uma pessoa medrosa, cura-me, Senhor. Ó Senhor, são tantos traumas e marcas que trago em minha mente e que só Tu podes curar! Por isso, te peço: lava a minha mente no teu sangue, dá-me a tua cura e enche-me com tua paz. Desde já eu te louvo e agradeço, pois creio que estás agindo agora e que serei, em ti, nova criatura. No poder do teu Nome, Jesus. Amém.

ORAÇÃO PELAS ALMAS

Não temos o poder de comunicar-nos com os mortos, mas podemos suplicar a Deus por sua salvação.

Ó Deus e Pai Todo-Poderoso, nós cremos que o vosso Filho Jesus morreu e ressuscitou por todos nós e morrendo derramou seu Preciosíssimo Sangue para libertação e cura de toda a nossa descendência. Pelo poder deste Preciosíssimo Sangue, suplicamos: Concedei a nossos falecidos *(citar o ou os nomes)*, que ressuscitem com Cristo para a eterna alegria. Por Nosso Senhor Jesus Cristo, na unidade do Espírito Santo. Amém.

Além de rezar essa oração acima, repetir várias vezes no dia a seguinte jaculatória:

– Jesus e Maria, eu vos amo, salvai almas.

Sempre que possível, devemos encomendar Missa pelos nossos entes queridos, falecidos.

ORAÇÃO PELAS FAMÍLIAS

Senhor Jesus Cristo, vós restaurastes a família humana restabelecendo a primitiva unidade, vivendo com Maria, vossa Mãe, e São José, o pai adotivo, durante trinta anos em Nazaré. Afastai da minha família e da família brasileira os males que a ameaçam. Ajudai-nos a promover em nossas famílias, em todos os lares de nossa pátria, os sentimentos e os propósitos de união indissolúvel, amor generoso, fidelidade permanente e perseverança constante na vossa graça. Assim seja.

ORAÇÃO POR UMA MORTE FELIZ

Ó Jesus misericordioso, estendido na cruz, lembrai-vos de mim na hora da minha morte. Ó Coração misericordiosíssimo de Jesus, aberto pela lança, escondei-me na hora da minha morte. Ó sangue e água, que jorrastes do Coração de Jesus como fonte de infinita misericórdia para mim, eu confio em vós. Jesus agonizante, refém da misericórdia, aplacai a ira de Deus na hora de minha morte. Amém.

Orações a Nossa Senhora

ATO DE CONSAGRAÇÃO AO IMACULADO CORAÇÃO DE MARIA

Ó minha Senhora e minha Mãe, eu me ofereço todo a Vós e, em prova de minha devoção para convosco, vos consagro, neste dia, meus olhos, meus ouvidos, minha boca, meu coração e inteiramente, todo o meu ser. E porque assim sou vosso, ó incomparável Mãe, guardai-me, defendei-me, como coisa e propriedade vossa. Confio em vosso poder e bondade, em vós confio com filial piedade. Confio cego, em toda a situação, Mãe, no vosso Filho e em vossa proteção. Amém.

MARIA PASSA À FRENTE

Maria, passa à frente para resolver o que eu sou incapaz de resolver. Cuida do que não está ao meu alcance, Tu tens poder para isso. Quem pode dizer que foi decepcionado por ti depois de te ter chamado?

PROMESSAS DE NOSSA SENHORA A TODOS AQUELES QUE REZAM O TERÇO

– Sua proteção especialíssima na vida.

– Uma morte feliz.

– A salvação eterna de sua alma.

– Não morrerão sem os sacramentos.

– Não serão flagelados pela miséria.

– Tudo obterão por meio do Rosário.

– A devoção do Rosário será um sinal certo de salvação.

– Livrará do purgatório no dia em que morrerem os que tiverem rezado o Rosário.

– Terão uma grande glória no céu.

– Aos que propagarem a devoção do Rosário, Maria Santíssima promete socorrer em todas as suas necessidades.

ORAÇÃO A NOSSA SENHORA DA CABEÇA

Eis-me aqui, prostrado aos vossos pés, ó mãe do céu e Senhora nossa! Tocai meu coração a fim de que deteste sempre o pecado e ame a vida austera e cristã que exigis de vossos devotos. Tende piedade das minhas misérias espirituais! E, ó Mãe terníssima, não vos esqueçais também das misérias que afligem meu corpo e enchem de amargura minha vida terrena. Dai-me saúde e forças para vencer todas as dificuldades que me opõe o mundo. Não permitais que minha pobre cabeça seja ator-mentada por males que me perturbem a tranquilidade da vida. Pelos merecimentos de vosso divino Filho, Jesus Cristo, e pelo amor que a ele consagrais, alcançai-me a graça que agora vos peço (*pedir a graça desejada*). Aí tendes, ó Mãe poderosa, minha humilde súplica. Se quiserdes, ela será atendida. Nossa Senhora da Cabeça, rogai por nós.

ORAÇÃO A NOSSA SENHORA DA DEFESA

Nossa Senhora da Defesa, virgem poderosa, recorro a vossa proteção contra todos os assaltos do inimigo, pois vós sois o terror das forças malignas. Eu seguro no vosso manto santo e me refugio debaixo dele para estar guardado, seguro e protegido de todo mal. Mãe Santíssima, refúgio dos pecadores, vós recebestes de Deus o poder para esmagar a cabeça da serpente infernal e com a espada levantada afugentar os demônios que querem acorrentar os filhos de Deus. Curvado sob o peso dos meus pecados, venho pedir a vossa proteção hoje e em cada dia da minha vida, para que, vivendo na Luz do vosso Filho, Nosso Senhor Jesus Cristo, eu possa, depois desta caminhada terrena, entrar na pátria celeste. Amém!

ORAÇÃO A NOSSA SENHORA DESATADORA DE NÓS

Santa Maria, Mãe de Deus, virgem cheia de graça, Vós sois a nossa Desatadora de nós. Com as vossas mãos cheias do amor de Deus, Vós desatais os obstáculos do nosso caminho como um nó, que, sob as vossas mãos, perde todos os obstáculos e se torna uma fita reta do amor de Deus. Desatai, Virgem e Mãe, Santa Admirável, todos os nós que nós mesmos causamos, por nossa própria vontade e todos aqueles que, diante de nós, impedem o nosso caminho. Voltai vossos olhos sobre eles, para que todos os nós tornem-se transparentes e cheios de gratidão, e assim possamos com as vossas mãos desatar aquilo que parece impossível.

ORAÇÃO A NOSSA SENHORA DO BOM PARTO

Ó Maria Santíssima, vós, por um privilégio especial de Deus, fostes isenta da mancha do pecado original, e devido a esse privilégio não sofrestes os incômodos da maternidade, nem no tempo da gravidez e nem no parto; mas compreendeis perfeitamente as angústias e aflições das pobres mães que esperam um filho, especialmente nas incertezas do sucesso ou insucesso do parto. Olhai para mim, vossa serva, que, na aproximação do parto, sofro angústias e incertezas. Dai-me a graça de ter um parto feliz. Fazei que meu bebê nasça com saúde, forte e perfeito. Eu vos prometo orientar meu filho sempre pelo caminho certo, o caminho que o vosso Filho, Jesus, traçou para todos os homens, o caminho do bem. Virgem, Mãe do Menino Jesus, agora me sinto mais calma e mais tranquila porque já sinto a vossa maternal proteção. Nossa Senhora do Bom Parto, rogai por mim!

ORAÇÃO A NOSSA SENHORA DO DESTERRO

Ó Bem-Aventurada Virgem Maria, mãe de Nosso Senhor Jesus Cristo, Rainha do Céu e da Terra, advogada dos pecadores, auxiliadora dos cristãos, desterradora das indigências, das calamidades, dos inimigos corporais e es-pirituais, dos maus pensamentos, das cenas terríveis do dia do juízo, das pragas, das bruxarias, dos malfeitores, ladrões, arrombadores, assaltantes e assassinos. Minha amada Mãe, eu, prostrado agora aos Vossos pés, cheio de arrependimento das minhas pesadas culpas, por vosso intermédio, imploro perdão ao boníssimo Deus. Rogai ao vosso Divino Jesus, por nossas famílias, para que Ele desterre de nossas vidas todos esses males, nos dê perdão de nossos pecados e que nos enriqueça com sua Divina graça e Misericórdia. Cobri-nos com o vosso manto maternal e desterrai de todos nós todos os males e maldições, e, em especial, atendei o pedido que vos faço agora: (*pedir a graça desejada*). Afugentai de nós a peste e os desassossegos. Possamos por vosso intermédio obter a cura de todas as doenças, encontrar as portas do Céu abertas e ser felizes por toda a eternidade. Amém.

Rezar 7 Pai-Nossos, 7 Ave-Marias e 1 Credo ao Sagrado Coração de Jesus e pelas sete dores de Maria Santíssima.

ORAÇÃO A NOSSA SENHORA DOS ANJOS

Augusta Rainha do Céu, Soberana Senhora dos Anjos, Vós que desde o princípio recebestes de Deus o poder e a Missão de esmagar a cabeça de Satanás, nós vos suplicamos humildemente, envieis vossas legiões santas, para que, sob vossas ordens e por vosso poder, persigam os demônios, os combatam por toda parte, reprimam sua audácia e os precipitem no abismo. Quem é como Deus? São Miguel, Santos Anjos e Arcanjos, defendei-nos e guardai-nos! Ó boa e terna Mãe, Vós sereis sempre o nosso amor e a nossa esperança, Amém. Ó divina Mãe, enviai vossos Anjos para defender-nos e afastar para longe de nós o cruel inimigo. Amém.

ORAÇÃO A NOSSA SENHORA PELOS ESTUDOS

Ó Senhora nossa, trono da sabedoria, quantos homens de inteligência medíocre fizeram, por meio de ti, admiráveis progressos nas ciências! Eu te escolho como defensora e padroeira dos meus estudos. Ilumina, com tua claridade, as obscuridades de minha inteligência. Afasta de mim as trevas do pecado e da ignorância nas quais nasci. Dá-me inteligência para compreender, memória para entender, método e facilidade para aprender, lucidez para interpretar e graça abundante para expressar-me, para melhor servir a teu Filho e a meus irmãos, os homens. Ajuda-me no começo de meu trabalho. Sê o meu guia. Coroa meus esforços. Alcança-me do Espírito Santo o dom da sabedoria. Amém.

ORAÇÃO A NOSSA SENHORA PARA CONHECER A PRÓPRIA VOCAÇÃO

Eis-me a seus pés, Mãe querida, para lhe pedir a importante graça da escolha certa do meu futuro. Quero sempre e em qualquer situação cumprir a vontade do seu Filho.

Desejo escolher o caminho que me satisfaça durante a vida e me dê a felicidade eterna na hora da morte. Ó Mãe do Bom Conselho, afaste toda dúvida de minha mente. Mãe do meu Salvador e minha também, se a Senhora não me comunicar um raio do Sol divino, as Luzes do Espírito Santo, uma gota da Sabedoria do Pai, quem irá me orientar? Ouça, pois, ó Maria, minhas humildes súplicas. Dirija-me pelo reto caminho que me conduzirá à vida eterna, pois, a Senhora é a Mãe do Amor, do temor, do conhecimento e da esperança que produzem frutos de honestidade e honra.

Rezar: Pai-Nosso, Ave-Maria e Glória.

ORAÇÃO À SANTA MÃE DE DEUS PELOS ALCOÓLATRAS

Sob vossa piedade, santa Mãe de Deus, colocamos todos os doentes alcoólatras. Não desprezeis suas súplicas e as de seus parentes e amigos. Livrai-os de sua pertinaz doença. Conduzi-os a uma decisão interior e definitiva em busca da sobriedade, começando por vinte e quatro horas de abstenção das bebidas alcoólicas, com uma pessoal firmeza de vontade. Sozinhos, serão incapazes, ó piedade de Maria. Que se convençam disso com humildade, buscando força na oração. Iluminai-os a luz do Espírito Santo. Entendam eles que Jesus é o caminho seguro e certo, capaz de levá-los ao sorridente abraço do Pai. Evitarão, assim, caminhar depressa para a morte, fazendo-se capazes de reconstruir a alegria de viver e de replantar a felicidade de seu lar. Olhai principalmente, ó piedade de Maria, pelo vosso filho (*citar o ou os nomes*). Que vossa piedade, ó Maria, nos ajude a não criticá-los nem a importuná-los sem antes entendermos sua doença. Dai-nos compreensão e paciência perseverantes para com eles. Fazei chegar sobre eles e até nós, ó piedade de Maria, o amor e a bênção de Deus Pai, Deus Filho e Deus Espírito Santo. Amém.

O SEGREDO DE MARIA

Trabalhe e reze.

Fique em silêncio, reze, ame e reze.

Escute e reze.

Não discuta, não queira ter razão: cale-se.

Não julgue, não condene: ame.

Não olhe, não queira saber: abandone-se.

Não se irrite, não entre na profundidade dos problemas: creia.

Não se agite, não procure fazer: reze.

Não se inquiete, não se preocupe: tenha fé.

Quando você fala, Deus se cala e você diz coisas equivocadas.

Quando discute, Deus é esquecido e você peca.

Quando você argumenta, Deus é humilhado e você pensa em coisas vãs.

Quando você se apura, Deus é distanciado e você tropeça e cai.

Quando você se agita, Deus é lançado fora e você fica na obscuridade.

Quando você julga o irmão, Deus é crucificado e você se julga a si mesmo.

Quando você condena o irmão, Deus morre e você se condena a si mesmo.

Quando você desobedece, Deus fica distante e você morre.

Rezar uma Ave-Maria, pedindo a Nossa Senhora a Graça de se assemelhar cada vez mais a Ela.

Orações pedindo a intercessão dos santos

NOVENA MILAGROSA DAS ROSAS DE SANTA TERESINHA DO MENINO JESUS

Esta novena pode ser começada em qualquer dia do mês; há um grande número de amigos de Santa Teresinha que fazem a novena entre os dias 9 e 17 de cada mês.

Oração: Santíssima Trindade, Pai, Filho e Espírito Santo, eu vos agradeço todos os favores, todas as graças com que enriquecestes a alma de vossa serva Santa Teresinha do Menino Jesus, durante os 24 anos que passou na terra, e, pelos méritos de tão querida Santinha, concedei--me a graça que arden-temente vos peço (*fazer o pedido da graça desejada*), se for conforme a vossa Santíssima vontade e para a salvação de minha alma. Ajudai minha fé e minha esperança. Ó Santa Teresinha, cumprindo mais uma vez vossa promessa de que ninguém vos invocaria em vão, fazei-me ganhar uma rosa, sinal de que alcançarei a graça pedida.

Reza-se em seguida 24 vezes: Glória ao Pai, ao Filho e ao Espírito Santo, assim como era no princípio, agora e sempre. Amém. Santa Teresinha do Menino Jesus, rogai por nós.

No final: 1 Ave-Maria; 1 Pai-Nosso.

ORAÇÃO A SANTA LUZIA – I

Ó Santa Luzia, que preferistes deixar que vossos olhos fossem vazados e arrancados antes de negar a fé e conspurcar vossa alma; e Deus, com um milagre extraordinário, vos devolveu outros dois olhos sãos e perfeitos para recompensar vossa virtude e vossa fé, e vos constituiu protetora contra as doenças dos olhos, eu recorro a vós para que protejais minhas vistas e cureis a doença dos meus olhos. Ó Santa Luzia, conservai a luz dos meus olhos para que eu possa ver as belezas da criação, o brilho do sol, o colorido das flores, o sorriso das crianças. Conservai também os olhos de minha alma, a fé, pela qual eu posso conhecer o meu Deus, compreender seus ensinamentos, reconhecer seu amor para comigo e nunca errar o caminho que me conduzirá para onde vós, Santa Luzia, vos encontrais, em companhia dos Anjos e Santos. Santa Luzia, protegei meus olhos e conservai minha fé. Amém.

ORAÇÃO A SANTA LUZIA – II

Ó Virgem admirável, cheia de firmeza e de constância, que nem as pompas humanas puderam seduzir, nem as promessas, nem as ameaças, nem a força bruta puderam abalar, porque soubestes ser o templo vivo do Divino Espírito Santo. O mundo cristão vos proclamou advogada da luz dos nossos olhos. Defendei-nos, pois, de toda a moléstia que possa prejudicar a nossa vista. Alcançai-nos a luz sobrenatural da Fé, Esperança e Caridade, para que nos desapeguemos das coisas materiais e terrestres e tenhamos a força para vencer o inimigo e assim possamos contemplar-vos na Glória Celeste. Amém.

ORAÇÃO A SANTA MÔNICA
Para pedir a conversão de um filho.

Ó Santa Mônica, que pela oração e pelas lágrimas alcançastes de Deus a conversão de vosso filho transviado depois santo, Santo Agostinho, olhai para o meu coração, amargurado pelo comportamento do meu filho desobediente, rebelde e inconformado, que tantos dissabores causou a mim e a toda a minha família. Que vossas orações se juntem com as minhas, para comover o bom Deus, a fim de que ele faça meu filho entrar em si e voltar ao bom caminho. Santa Mônica, fazei que o Pai do céu chame de volta à casa paterna o filho pródigo. Dai-me essa alegria e eu lhe serei sempre agradecida. Santo Agostinho, rogai por nós. Santa Mônica, atendei-me. Amém!

ORAÇÃO A SANTA TERESA D'ÁVILA

Nada te perturbes.
Nada te amedrontes.
Tudo passa, só Deus não muda.
A paciência tudo alcança.
A quem tem Deus nada falta.
Só Deus basta!

ORAÇÃO A SANTA TERESINHA

Ó Santa Teresinha, branca e mimosa flor de Jesus e Maria, que embalsamais o Carmelo e o mundo inteiro com o vosso suave perfume, chamai-nos, e nós correremos convosco ao encontro de Jesus, pelo caminho da renúncia, do abandono e do amor. Fazei-nos simples e dóceis, humildes e confiantes para com o nosso Pai do Céu. Ah! Não permitais que o ofendamos com o pecado. Assisti-nos em todos os perigos e necessidades; socorrei-nos em todas as aflições e alcançai-nos todas as graças espirituais e temporais, especialmente aquela de que estamos precisando agora (*citar a graça desejada*). Lembrai-vos, ó Santa Teresinha, que prometestes passar o vosso céu fazendo o bem à terra, sem descanso, até ver completo o número de eleitos. Ah! Cumpri em nós a vossa promessa: sede nosso anjo protetor na travessia desta vida e não descanseis até que nos vejais no céu, ao vosso lado, cantando as ternuras do amor misericordioso do Coração de Jesus. Amém.

ORAÇÃO A SANTO AGOSTINHO

"O homem que conseguiu erguer-se das profundezas de uma vida de fraqueza à fé no Amor, Bondade e Misericórdia de Deus."

Ó Pai de Amor, de Bondade e de Misericórdia, pela intercessão de Santo Agostinho, Esperança dos que jazem caídos do vício, ouvi nossa prece e atendei nosso pedido. Amém.

Ó Santo Agostinho, Vós conhecestes a difícil luta para a redenção: Vós vencestes a fraqueza humana e conseguistes encontrar a esperança no Amor de Deus e a fé que vos abriu as portas do coração para a entrada da graça divina. Vós que desfrutais, agora, do prêmio que me-recestes, atendei à súplica que humilde e confiantemente fazemos, em nome de Santa Mônica, vossa Amantíssima Mãe: rogai ao Pai Todo-Poderoso pelos doentes do álcool, das drogas, do jogo, da incredulidade, da de-sesperança. Especialmente, vos pedimos por (*citar o ou os nomes*) que, por vossa bondosa intercessão, seja(m) tocado(s) pelo arrepen-dimento; seja(m) perdoado(s) de suas faltas, seja(m) curado(s) de suas mágoas, de suas angústias, de sua solidão. Alcançai-lhe(s) também: fortalecimento da vontade para resistir às influências do mal, esperança na vitória dos bons pensamentos, persistência na fé, coragem para recomeçar uma vida saudável, cheia de amor, de paz e de progresso. Obrigado(a), Santo Agostinho! Confiamos em Vós!

Rezar: 1 Pai-Nosso e 1 Ave-Maria.

Santo Agostinho, esperamos em vós!
(três vezes)

ORAÇÃO A SANTO EXPEDITO

Ó Deus, que a intercessão de Santo Expedito nos recomende junto à vossa divina bondade, a fim de que, por seu auxílio, possamos obter aquilo que nossos fracos méritos não podem alcançar. Nós vos pedimos, Senhor, que orienteis, com a vossa graça, todos os nossos pensamentos, palavras e ações, para que possamos, com coragem, fidelidade e prontidão, em tempo próprio e favorável, levar a bom termo todos os nossos compromissos e alcançar a feliz conclusão de nossos planos. Por Nosso Senhor Jesus Cristo. Assim seja.

Súplica: Ó Santo Expedito! Animados pelo conhecimento de que foram prontamente atendidos todos aqueles que vos invocaram à última hora, para negócios urgentes, nós vos suplicamos que nos obtenhais da bondade misericordiosa de Deus, por intercessão de

Maria Imaculada (*hoje ou em tal dia*) a graça (*fazer o pedido*) que com toda a humildade solicitamos que nos alcanceis junto à bondade todo-poderosa de Deus.

Rezar: Pai-Nosso, Ave-Maria, Glória ao Pai.

ORAÇÃO A SANTO ONOFRE

Ó Santo Onofre, que pela fé, penitência e força de vontade vencestes o vício do álcool, concedei-me a força e a graça de resistir à tentação da bebida. Livrai do vício, que é uma verdadeira doença, também os meus familiares e os meus amigos. Abençoai os "Alcoólicos Anônimos" para que conservem firme seu propósito de viver afastados da bebida e de ajudar seus semelhantes a fazer o mesmo. Virgem Maria, mãe compassiva dos pecadores, socorrei-nos! Santo Onofre, rogai por nós!

ORAÇÃO A SÃO BENTO

A Cruz sagrada seja a minha luz. Não seja o dragão o meu guia. Retira-te, satanás! Nunca me aconselhes coisas vãs. É o mal o que tu me ofereces. Bebe tu mesmo os teus venenos. São Bento, rogai por nós!

ORAÇÃO A SÃO BRÁS

Ó bem-aventurado São Brás, que recebestes de Deus o poder de proteger os homens contra as doenças da garganta e outros males, afastai de mim a doença que me aflige, conservai a minha garganta sã e perfeita para que eu possa falar corretamente e assim proclamar e cantar os louvores de Deus. Eu vos prometo, São Brás, que a fala que sair da minha garganta será sempre:

De verdade e não de mentira.
De justiça e não de calúnias.
De bondade e não de aspereza.
De compreensão e não de intransigência.
De perdão e não de condenação.
De desculpa e não de acusação.
De respeito e não de desacato.
De conciliação e não de intriga.

De calma e não de irritação.
De desapego e não de egoísmo.
De edificação e não de escândalo.
De ânimo e não de derrotismo.
De conformidade e não de lamúrias.
De amor e não de ódio.
De alegria e não de tristeza.
De fé e não de descrença.
De esperança e não de desespero.

São Brás, conservai minha garganta livre daquela doença brava para que minhas palavras possam louvar a Deus, meu criador, e agradecer a vós, meu protetor. Assim seja.

ORAÇÃO A SÃO CAMILO PELOS ENFERMOS

Ó São Camilo, que imitando Jesus Cristo destes a vida pelos vossos semelhantes, dedicando-vos aos enfermos, socorrei-me na minha doença, aliviai minhas dores, fortalecei meu ânimo, ajudai-me a aceitar os sofrimentos, para purificar-me dos meus pecados e para conquistar os méritos que me darão o direito à felicidade eterna. Por Nosso Senhor Jesus Cristo. Amém. São Camilo, rogai por nós.

ORAÇÃO A SÃO CRISTÓVÃO

Ó São Cristóvão, que atravessaste a correnteza furiosa de um rio com toda a firmeza e segurança porque carregavas nos ombros o Menino Jesus, faze que Deus se sinta sempre bem em meu coração, porque então eu terei sempre firmeza e segurança no volante do meu carro e enfrentarei corajosamente todas as correntezas que tiver de enfrentar, venham elas dos homens ou do espírito infernal. São Cristóvão, rogai por nós.

ORAÇÃO A SÃO JORGE

Ó Deus onipotente, que nos protegeis pelos méritos e bênçãos de São Jorge, fazei que esse grande mártir, com sua couraça, sua espada e seu escudo, que representam a fé, a esperança e a caridade, esclareça nossa inteligência, ilumine nossos caminhos, fortaleça nosso ânimo nas lutas da vida, dê firmeza a nossa vontade contra as tramas do maligno, para que, vencendo na terra como São Jorge venceu, possamos triunfar no céu convosco e participar das eternas alegrias. Amém.

ORAÇÃO A SÃO JOSÉ

Pode ser rezada como novena.

Ó São José, pai nutrício de Nosso Senhor Jesus Cristo e verdadeiro esposo de Maria Virgem, rogai por nós. Fazei, ó São José, que levemos uma vida sem mácula e, sob o vosso patrocínio, decorra ela sempre segura. Ó José, pai virginal de Jesus, puríssimo esposo de sua graça, pelejemos valorosamente na vida e sejamos por ele coroados na morte. Amém.

ORAÇÃO A SÃO JUDAS TADEU

Pode servir também para tríduo ou novena.

São Judas Tadeu, glorioso Apóstolo, fiel servo e amigo de Jesus! O nome de Judas

Iscariotes, o traidor de Jesus, foi a causa de teres sido esquecido por muitos; mas agora a Igreja vos honra e invoca por todo o mundo como patrono dos casos desesperados e dos negócios sem remédio. Rogai por mim que estou tão desolado! Eu vos imploro, fazei uso do privilégio que tendes de trazer socorro imediato, onde o socorro desapareceu quase por com-pleto. Assisti-me nesta grande necessidade, para que eu possa receber as consolações e o auxílio do céu em todas as minhas precisões, tri-bulações e sofrimentos. São Judas Tadeu, alcançai-me a graça que vos peço *(citar a graça desejada)*. Eu vos prometo, ó bendito São Judas, lembrar-me sempre deste grande favor e de nunca deixar de vos louvar e honrar como meu especial e poderoso patrono e fazer tudo o que estiver ao meu alcance para espalhar a vossa devoção por toda a parte. São Judas, rogai por nós!
Rezar: Pai-Nosso, Ave-Maria, Glória ao Pai.

ORAÇÃO A SÃO LÁZARO

Ó São Lázaro, vós suportastes os sofrimentos da vida terrena com a certeza de alcançar a felicidade no céu; abri meu coração à palavra de Deus na Bíblia e aos ensinamentos da Igreja Católica; dai-me um coração sensível às doenças e à miséria dos meus irmãos; abri meus olhos para ver e compreender aquilo que se diz por aí: "O que aqui se faz aqui se paga" é uma sentença falsa e enganosa, porque a justiça perfeita e definitiva só acontece na outra vida. Ajudai-me a crer com firmeza na realidade do céu e do inferno, para que eu não venha a me arrepender quando já é tarde, como aconteceu com o rico da parábola. São Lázaro, rogai por mim e por meus irmãos. Amém.

Terço

JACULATÓRIAS

Podem ser usadas na reza do Terço Bizantino.

– Jesus, Maria, eu vos amo. Salvai almas!

– Ó Coração Eucarístico de Jesus, livrai-nos cada vez mais das insídias de satanás!

– Doce e Imaculado Coração de Maria, consagramo-nos a Vós.

– Sagrado Coração de Jesus, nós temos confiança em Vós.

– Jesus, manso e humilde de coração, fazei o nosso coração semelhante ao vosso.

– Nós vos adoramos, Senhor Jesus, e vos bendizemos, porque pela vossa Santa Cruz remistes o mundo.

– Jesus, Maria e José, minha família vossa é.

ROSÁRIO

Para a Oração do Terço contemplam-se os 5 Mistérios do dia. Para a Oração do Rosário contemplam-se os 20 Mistérios de uma só vez.

Sinal-da-Cruz: Em nome do Pai, do Filho e do Espírito Santo. Amém.

Oferecimento do Terço: Divino Jesus, nós vos oferecemos este Terço que vamos rezar, meditando nos mistérios da nossa redenção. Concedei-nos, por intercessão da Virgem Maria, Mãe de Deus e nossa Mãe, as virtudes que nos são necessárias para bem rezá-lo e a graça de ganharmos as indulgências desta santa devoção.

Fazer os pedidos e oferecimentos. Em seguida, segurando a cruz do Rosário ou Terço, para atestar nossa fé em todas as verdades ensinadas por Cristo:

– Rezar o Credo (p. 28).

– Rezar a invocação ao Espírito Santo (p. 35).

– 1 Pai-Nosso em louvor à Santíssima Trindade (p. 34).

– *3 Ave-Marias (Angelus) (p. 28).*
– *Contemplam-se os Mistérios do dia.*
– *Em cada Mistério reza-se 1 Pai-Nosso, 10 Ave-Marias, 1 Glória ao Pai e as jaculatórias:*

– Ó meu Jesus, perdoai-nos, livrai-nos do fogo do inferno, levai as almas todas para o céu e socorrei principalmente aquelas que mais precisarem.

– Ó Maria concebida sem pecado, rogai por nós que recorremos a vós.

Mistérios Gozosos
Rezar nas segundas-feiras e sábados.
Nos Mistérios Gozosos contemplamos a alegria de vir a nós o Salvador.
1º Mistério: Anunciação do Arcanjo São Gabriel a Nossa Senhora. (Lc 1,28); Virtude: Humildade.
2º Mistério: A visita de Nossa Senhora à sua prima Isabel. (Lc 1,41-42); Virtude: Amor ao próximo.

3º Mistério: O nascimento de Jesus na gruta de Belém. (Lc 2,7); Virtude: Pobreza e desa-pego.

4º Mistério: Apresentação do Menino Jesus no Templo e Purificação de Maria. (Lc 2,22-28); Virtude: Obediência.

5º Mistério: Reencontro de Jesus no Templo entre os doutores da lei. (Lc 2, 46); Virtude: Alegria do reencontro com Jesus.

Mistérios Dolorosos

Rezar nas terças e sextas-feiras.

Nos Mistérios Dolorosos contemplamos o sofrimento de Cristo pela nossa Redenção.

1º Mistério: A agonia de Jesus no jardim das Oliveiras. (Lc 22,42-45); Virtude: Amor que liberta.

2º Mistério: A flagelação de Jesus atado à coluna. (Jo 19,1); Virtude: Pureza.

3º Mistério: A coroação de espinhos. (Mt 27,28-29); Virtude: Coragem moral.

4º Mistério: Jesus carregando a cruz para o Calvário. (Jo 19,17); Virtude: Paciência.

5º Mistério: A crucificação, sofrimento e morte de Jesus. (Lc 23,46); Virtude: Perseverança final.

Mistérios Gloriosos
Rezar nas quartas-feiras e domingos.
Nos Mistérios Gloriosos contemplamos a vitória de Jesus sobre a morte, e a nossa esperança no céu.

1º Mistério: A ressurreição de Nosso Senhor Jesus Cristo. (Mt 28,6-7); Virtude: Esperança.

2º Mistério: Ascensão de Nosso Senhor Jesus Cristo ao céu. (Mc 16, 19); Virtude: Fé.

3º Mistério: A vinda do Divino Espírito Santo. (At 2,4); Virtude: Amor a Deus.

4º Mistério: Assunção de Nossa Senhora ao céu. (Ap 12,1); Virtude: Devoção a Maria.
5º Mistério: A Coroação de Nossa Senhora no céu. (Ap 12,1-6); Virtude: Felicidade eterna.

Mistérios Luminosos
Rezar nas quintas-feiras.
Nos Mistérios Luminosos contemplamos a vida pública de Jesus: Cristo é a Luz do Mundo (Jo 8,12)
1º Mistério: O Batismo de Jesus no Jordão. (Mt 3,13-17); Virtude: Fidelidade ao Batismo.
2º Mistério: A autorrevelação de Jesus nas Bodas de Caná. (Jo 2,1-12); Virtude: Confiança.
3º Mistério: O anúncio do Reino. (Mc 1,14-15); Virtude: Anunciar o Cristo.
4º Mistério: A transfiguração de Jesus. (Lc 9,28-36); Virtude: Ser expressão de Deus.
5º Mistério: Instituição da Eucaristia. (Mt 26,26-29); Virtude: Depender de Cristo.

Agradecimento: Infinitas graças vos damos, Soberana Rainha, pelos benefícios que todos os dias recebemos de vossas mãos liberais. Dignai-vos agora e para sempre tomar-nos debaixo do vosso poderoso amparo e, para mais vos agradecer, vos saudamos com uma Salve-Rainha.

Finalizar com a Salve Rainha (p. 34).

TERÇO DA CURA

Na cruz, rezar o Credo.

Rezar o Pai-Nosso.

Rezar as 3 Ave-Marias do início do Terço, intercalando a seguinte jaculatória: "Em meu socorro, vinde já, Senhora; do inimigo livrai-me, vencedora".

Rezar o Glória ao Pai.

Nas contas do Pai-Nosso, em primeiro lugar, rezar as seguintes jaculatórias:

– "Em verdade, Ele tomou sobre si nossas enfermidades, e carregou nossos sofrimentos. Fomos curados graças às suas chagas" (Isaías 53,4-5).

– Ó Puríssima Virgem Maria, Imaculada do Espírito Santo, pelo poder que o Senhor Deus te deu sobre os anjos e arcanjos, envia tuas legiões de anjos, comandadas por São Miguel, juntamente com São Gabriel e São Rafael, para libertar-me do mal e para curar-me.

Após as jaculatórias, rezar o Pai-Nosso.

Nas contas das ave-marias, rezar da seguinte maneira: "Pelas tuas santas chagas Jesus, liberta-me e cura-me".

Terminadas as 10 contas, rezar o Glória ao Pai.

No final, rezar a Salve-Rainha.

Ler as seguintes palavras da Bíblia: Magnificat, em Lucas 1,46-55, e Salmo 6,2-10.

TERÇO DA MISERICÓRDIA

No início: Pai-Nosso; Ave-Maria; Credo.

Nas contas grandes: Eterno Pai, eu vos ofereço o Corpo e Sangue, a Alma e a Divindade do vosso diletíssimo Filho, Nosso

Senhor Jesus Cristo, em expiação dos nossos pecados e dos pecados do mundo inteiro.

Nas contas pequenas: Pela sua dolorosa Paixão, tende misericórdia de nós e do mundo inteiro.

No final do terço (dizer três vezes): Deus Santo, Deus Forte, Deus Imortal, tende piedade de nós e do mundo inteiro.

TERÇO DA PROVIDÊNCIA

No início: Reza-se o Credo.

Nas contas grandes: "Mãe da Divina Providência, Providenciai!"

Nas contas pequenas: "Deus provê, Deus proverá, sua misericórdia não faltará".

Oração: "Vinde, Maria, chegou o momento. Valei-nos agora e em todo tormento. Mãe da Providência, prestai-nos auxílio, no sofrimento da terra e no exílio. Mostrai que sois Mãe de amor e de bondade, agora que é grande a necessidade".

TERÇO DO PERDÃO

Na cruz, rezar o Credo.

– (Ezequiel 36,26-27): "Dar-vos-ei um coração novo e em vós porei um espírito novo; tirar-vos-ei do peito o coração de pedra e dar-vos-ei um coração de carne. Dentro de vós meterei meu espírito, fazendo que obedeçais às minhas leis e sigais os meus preceitos.

– Eu creio que Jesus me liberta da falta de perdão, do ódio, da mágoa, do ressentimento, do sentimento de vingança etc.

Rezar o Pai-Nosso e as 3 Ave-Marias.

Nas contas do Pai-Nosso, rezá-lo e, quando chegar o versículo que diz: "... perdoai nossas ofensas, assim como nós perdoamos a quem nos tem ofendido...", *dizer:* "assim como eu perdoo... *(dizer os nomes das pessoas que o ofenderam)"; a seguir, terminar o Pai-Nosso, dizendo o versículo final:* "... e não nos deixeis cair em tentação, mas livrai-nos do mal. Amém".

Nas contas das Ave-Marias:
– Eu amo e perdoo, eu perdoo e amo...
Terminando as 10 contas, rezar: Glória ao Pai...
No final, rezar: Salve, Rainha...
Ler as seguintes palavras da Bíblia: Magnificat, em Lucas 1,46-55, e Eclesiástico 28,2-6.

"Fé é esperar o invisível, saber que o nosso impossível é possível para Deus. Então, entrego tudo, deixo tudo. A ti, Senhor, todo o meu mundo, meu impossível agora é seu!
Quantas portas fechadas, abre-as, Senhor! Luzes apagadas, acende-as, Senhor!"

Esta deve ser nossa posição diante da vida e diante de Deus: Crer! Nosso diálogo com Deus deve ser de profunda entrega e confiança, pois colocamos toda nossa esperança em Deus que toma conta de nossa vida.

"A fé é o fundamento da esperança, é uma certeza a respeito do que não se vê!" (Hb 11,1).